Impressum
Verlag: BABADADA GmbH, Nedderfeld 112 , 22529 Hamburg
Geschäftsführer / Verlagsleitung: Harald Hof
Druck: Books on Demand GmbH, In de Tarpen 42, 22848 Norderstedt

Imprint
Publisher: BABADADA GmbH, Nedderfeld 112 , 22529 Hamburg, Germany
Managing Director / Publishing direction: Harald Hof
Print: Books on Demand GmbH, In de Tarpen 42, 22848 Norderstedt, Germany

école

d Schuel

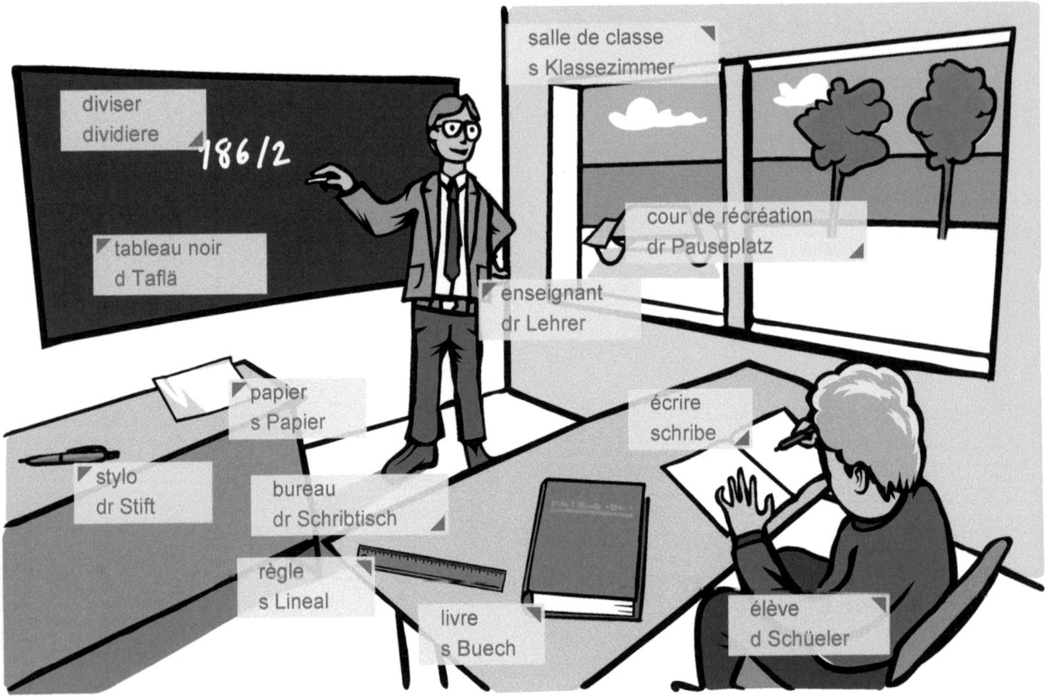

salle de classe
s Klassezimmer
diviser
dividiere
186/2
tableau noir
d Taflä
cour de récréation
dr Pauseplatz
enseignant
dr Lehrer
papier
s Papier
écrire
schribe
stylo
dr Stift
bureau
dr Schribtisch
règle
s Lineal
livre
s Buech
élève
d Schüeler

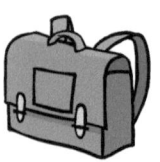

sac d'école

dr Thek

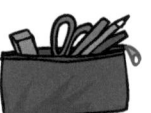

trousse

s Etui

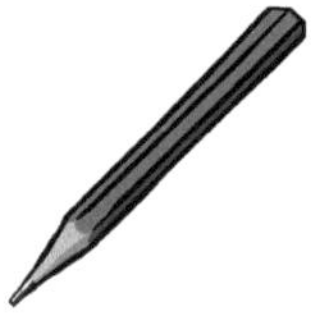

crayon

dr Bleistift

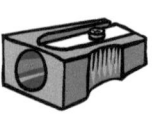

taille-crayon

dr Spitzer

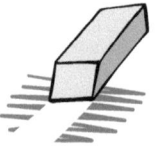

gomme

s Radiergummi

carnet à dessin

dr Zeicheblock

dessin

d Zeichnig

pinceau

dr Pinsel

boîte de peinture

dr Malchaschte

ciseaux

d Schär

colle

dr Liim

cahier d'exercices

s Üebigsheft

tâches

d Huusufgabe

12

chiffre

d Zahl

2+2

additionner

addiere

5-2

soustraire

subtrahiere

2×2

multiplier

multipliziere

calculer

rächne

lettre

dr Buechstabe

ABCDEFG
HIJKLMN
OPQRSTU
VWXYZ

alphabet

s Alphabet

mot

s Wort

texte

dr Text

lire

läse

craie

d Kriide

leçon

d Lektion

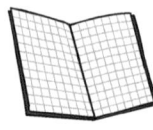

livre de classe

s Klassäbuech

examen

d Prüefig

certificat

s Zügnis

uniforme scolaire

d Schueluniform

formation

d Usbildig

lexique

d Enzyklopädie

université

d Universität

microscope

s Mikroskop

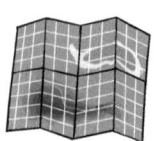

carte

d Charte

corbeille à papier

dr Papierchorb

hôtel
s Hotel

Grand

auberge
d Härbärg

ROOMS

bureau de change
d Wächselstube

EXCHANGE

valise
dr Koffer

voiture
s Auto

langue

d Sprach

oui / non

jo / nei

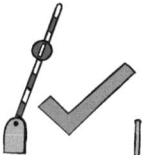

d'accord

okay

Salut

Hallo

interprète

dr Dolmetscher

merci

Dankä

Combien coûte...?

Was chostet…?

Je ne comprends pas

Ich vrstahs nöd

problème

s Problem

Bonsoir!

Guete Abig!

Bonjour!

guete Morgä!

Bonne nuit!

guete Abig!

Au revoir

Uf Wiederseh

direction

d Richtig

bagages

s Bagaasch

sac

d Täsche

sac-à-dos

dr Rucksack

hôte

dr Gast

pièce

dr Ruum

sac de couchage

dr Schlafsack

tente

s Zält

office de tourisme

d Touristeninformation

plage

dr Strand

carte de crédit

d Kreditkarte

petit-déjeuner

s Zmorge

déjeuner

s Zmittag

dîner

s Znacht

billet

s Billet

ascenseur

dr Ufzug

timbre

d Briefmarke

frontière

d Gränze

douane

dr Zoll

ambassade

d Botschaft

visa

s Visum

passeport

dr Pass

transport
dr Transport

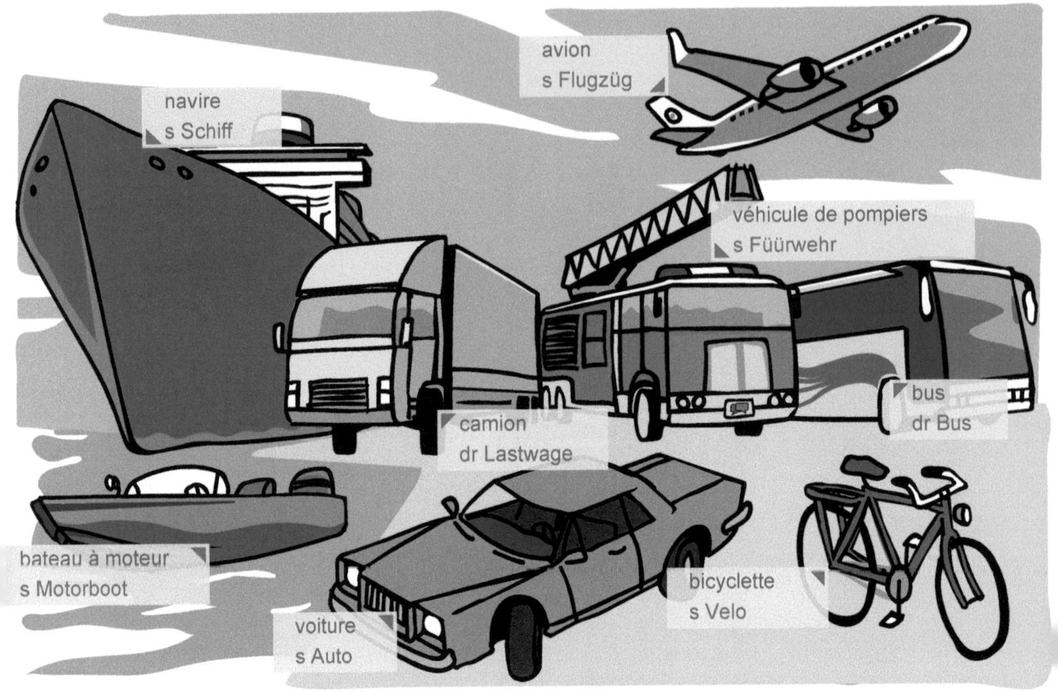
avion
s Flugzüg
navire
s Schiff
véhicule de pompiers
s Füürwehr
bus
dr Bus
camion
dr Lastwage
bateau à moteur
s Motorboot
bicyclette
s Velo
voiture
s Auto

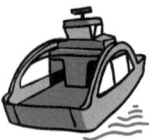

ferry

d Fähri

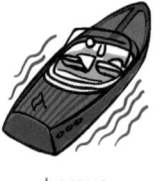

barque

s Boot

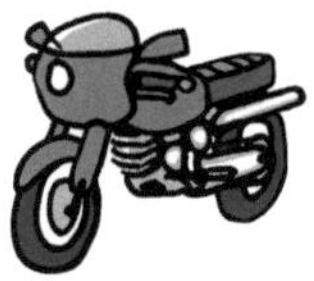

moto

s Töff

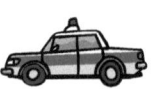

voiture de police

s Polizeiauto

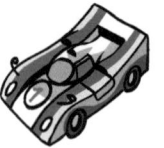

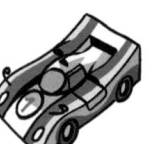

voiture de course

s Rännauto

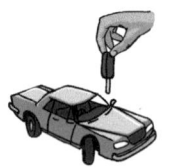

voiture de location

dr Mietwage

autopartage

s Carsharing

dépanneuse

dr Abschleppwage

benne à ordures

dr Chübelwage

moteur

dr Motor

essence

s Benzin

station d'essence

d Tankstell

panneau indicateur

s Verkehrsschild

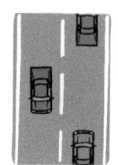

trafic

dr Verchehr

embouteillage

dr Stau

parking

dr Parkplatz

gare

dr Bahnhof

rails

d Schiene

train

dr Zug

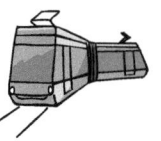

tram

d Strassebahn

wagon

dr Wagon

hélicoptère

dr Helikopter

aéroport

dr Flughafe

tour

dr Tower

passager

dr Passagier

container

dr Container

carton

dr Karton

chariot

dr Chare

corbeille

dr Korb

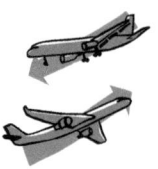

décoller / atterrir

starte / lande

ville

d Stadt

village

s Dorf

centre-ville

s Stadtzentrum

maison

s Huus

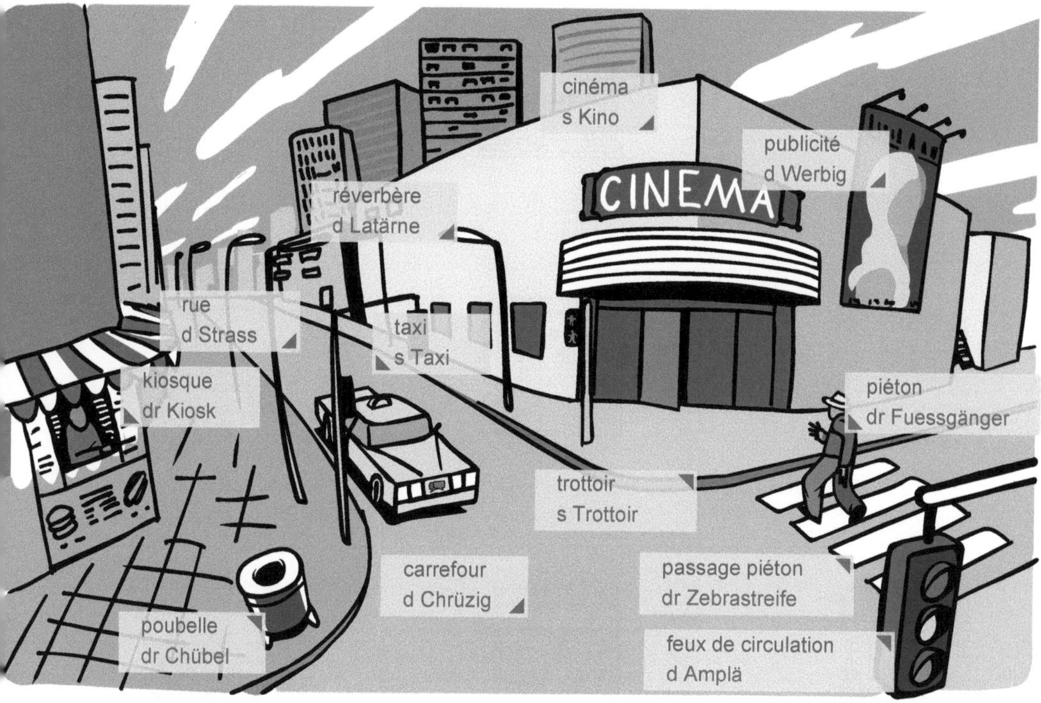

cinéma
s Kino

publicité
d Werbig

réverbère
d Latärne

rue
d Strass

taxi
s Taxi

CINEMA

piéton
dr Fuessgänger

kiosque
dr Kiosk

trottoir
s Trottoir

carrefour
d Chrüzig

passage piéton
dr Zebrastreife

poubelle
dr Chübel

feux de circulation
d Amplä

cabane

d Hütte

appartement

d Wohnig

gare

dr Bahnhof

mairie

s Gmeindshuus

musée

s Museum

école

d Schuel

ville - d Stadt

université
....
d Universität

banque
....
d Bank

hôpital
....
s Spital

hôtel
....
s Hotel

pharmacie
....
d Apotheke

bureau
....
s Büro

librairie
....
s Buechgschäft

magasin
....
s Gschäft

fleuriste
....
dr Bluemelade

supermarché
....
dr Läbensmittellade

marché
....
dr Märt

grand magasin
....
s Chaufhuus

poissonnerie
....
dr Fischhändler

centre commercial
....
s Iihkaufszentrum

port
....
dr Hafe

parc

dr Park

banque

d Bank

pont

d Brugg

escaliers

d Stäge

métro

d U-Bahn

tunnel

dr Tunnell

arrêt de bus

d Bushaltestell

bar

d Bar

restaurant

s Restaurant

boîte à lettres

dr Briefchastä

panneau indicateur

s Strasseschild

parcomètre

d Parkuhr

zoo

dr Zolli

réverbère

d Badi

mosquée

d Moschee

ferme

dr Buurehof

pollution

d Umwältvrschmutzig

cimetière

dr Fridhof

église

d Chile

aire de jeux

dr Spielplatz

temple

dr Tämpel

paysage
d Landschaft

feuille
s Blatt

panneau indicateur
dr Wägwiiser

chemin
dr Wäg

pré
d Wise

pierre
dr Stei

arbre
dr Baum

randonneur
dr Wanderer

rivière
dr Fluss

herbe
s Gras

fleur
d Bluamä

vallée

s Tal

montagne

dr Bärg

lac

dr See

forêt

dr Wald

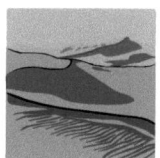

désert

d Wüeschti

volcan

dr Vulkan

château

s Schloss

arc-en-ciel

dr Rägeboge

champignon

dr Pilz

palmier

d Palme

moustique

dr Moskito

mouche

d Fliege

fourmis

d Ameise

abeille

s Biendli

araignée

d Spinne

scarabée

dr Chäfer

grenouille

dr Frosch

écureuil

s Eichhörnli

hérisson

dr Igel

lapin

dr Haas

chouette

d Üle

oiseau

d Vogu

cygne

dr Schwan

sanglier

s Wildschwein

cerf

dr Hirsch

élan

dr Elch

barrage

dr Damm

éolienne

d Windturbine

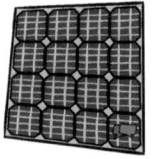

panneau solaire

dr Sunnekollektor

climat

s Klima

restaurant

s Restaurant

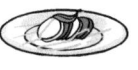

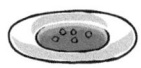

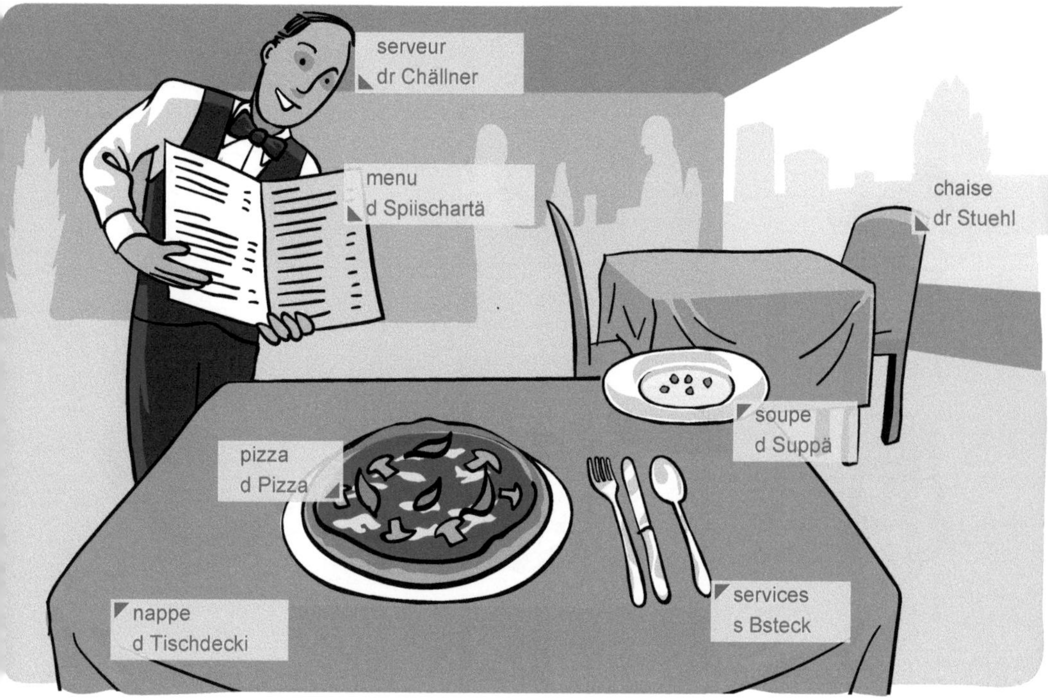

serveur
dr Chällner
menu
d Spiischartä
chaise
dr Stuehl
soupe
d Suppä
pizza
d Pizza
nappe
d Tischdecki
services
s Bsteck

hors d'œuvre

d Vorspiies

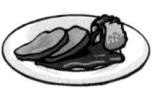

plat principal

s Hauptgricht

dessert

s Dessert

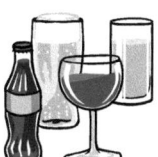

boissons

s Getränk

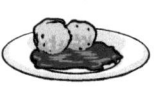

alimentation

d Läbensmittel

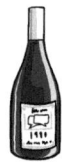

bouteille

d Fläsche

fast-food
s Fast Food

plats à emporter
s Street Food

théière
d Teechanne

sucrier
d Zuckerdosä

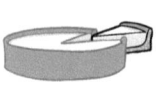

portion
d Portion

machine à expresso
d Espressomaschine

chaise haute
dr Hochstuehl

facture
d Rächnig

plateau
s Tablett

couteau
s Mässer

fourchette
d Gable

cuillère
dr Löffel

cuillère à thé
dr Teelöffel

serviette
d Serviette

verre
s Glas

assiette
dr Täller

assiette à soupe
dr Suppetällär

soucoupe
d Untertasse

sauce
d Sose

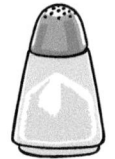

salière
dr Salzstreuer

moulin à poivre
d Pfäffermühli

vinaigre
dr Essig

huile
s Öl

épices
d Gwürz

ketchup
ds Ketchup

moutarde
dr Sänf

mayonnaise
d Mayonnaise

supermarché
dr Läbensmittellade

offre promotionnelle
s Ahgebot
FOR
client
dr Chund
produits laitiers
d Milchprodukt
fruits
d Frücht
caddie
dr Iichaufswage

BUTCHERS

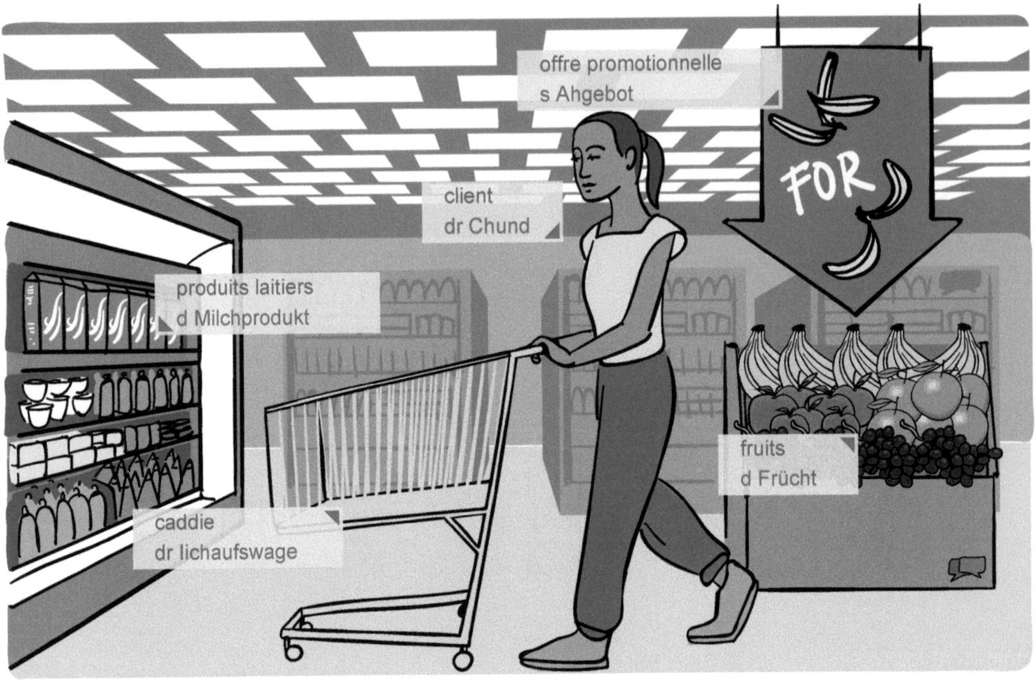

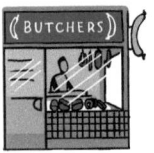

boucherie

dr Schlachter

BAKERY

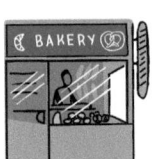

boulangerie

dr Beck

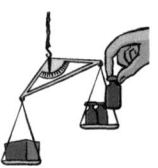

peser

wiege

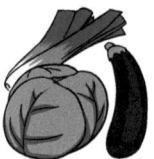

légumes

s Gmües

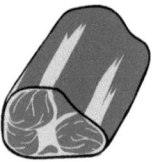

viande

s Fleisch

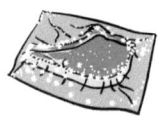

aliments surgelés

d Tiefkühlprodukt

charcuterie

dr Ufschnitt

conserves

d Konsärve

poudre à lessive

s Wöschmittel

bonbons

d Süessigkeite

articménagers

d Huushaltartikel

détergents

s Putzmittel

vendeuse

d Verchäuferin

caisse

d Kassä

caissier

dr Kassierer

liste d'achats

d Ihchaufsliste

heures d'ouverture

d Öffnigszite

portefeuille

s Portemonnaie

carte de crédit

d Kreditkarte

sac

d Täsche

sac en plastique

dr Plastiksack

eau

s Wasser

jus de fruit

dr Saft

lait

d Milch

coca

d Cola

vin

dr Wii

bière

s Bier

alcool

dr Alkohol

chocolat chaud

s Ovi

thé

dr Tee

café

dr Kafi

expresso

dr Espresso

cappuccino

dr Cappuccino

banane

d Banane

pomme

dr Öpfel

orange

d Orange

melon

d Melone

citron

d Zitrone

carotte

s Rüebli

ail

dr chnoobli

bambou

dr Bambus

oignon

d Zwiblä

champignon

dr Pilz

noisettes

d Nüss

pâtes

d Nudle

spaghettis

d Spaghetti

riz

dr Riis

salade

dr Salat

frites

d Pommfrit

pommes de terre rôties

d Bratherdöpfel

pizza

d Pizza

hamburger

dr Hamburgär

sandwich

s Sandwich

escalope

s Gotlett

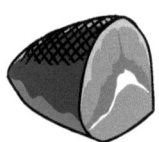

jambon

dr Schinkä

salami

d Salami

saucisse

s Würschtli

poulet

s Huehn

rôti

dr Bratä

poisson

dr Fisch

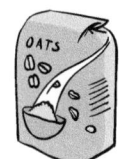

flocons d'avoine

d Haferflocke

muesli

s Müesli

cornflakes

d Cornflakes

farine

s Mähl

croissant

s Gipfeli

petits-pains

s Brötli

pain

s Brot

pain grillé

dr Toscht

biscuits

s Guetzli

beurre

d Butter

fromage blanc

dr Quark

gâteau

dr Chueche

œuf

s Ei

œuf au plat

s Spiegelei

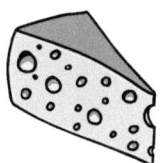

fromage

dr Chäs

glace

d Glace

sucre

dr Zucker

miel

dr Honig

confiture

d Gonfi

crème nougat

d Nougat-Creme

curry

s Curry

ferme

dr Buurehof

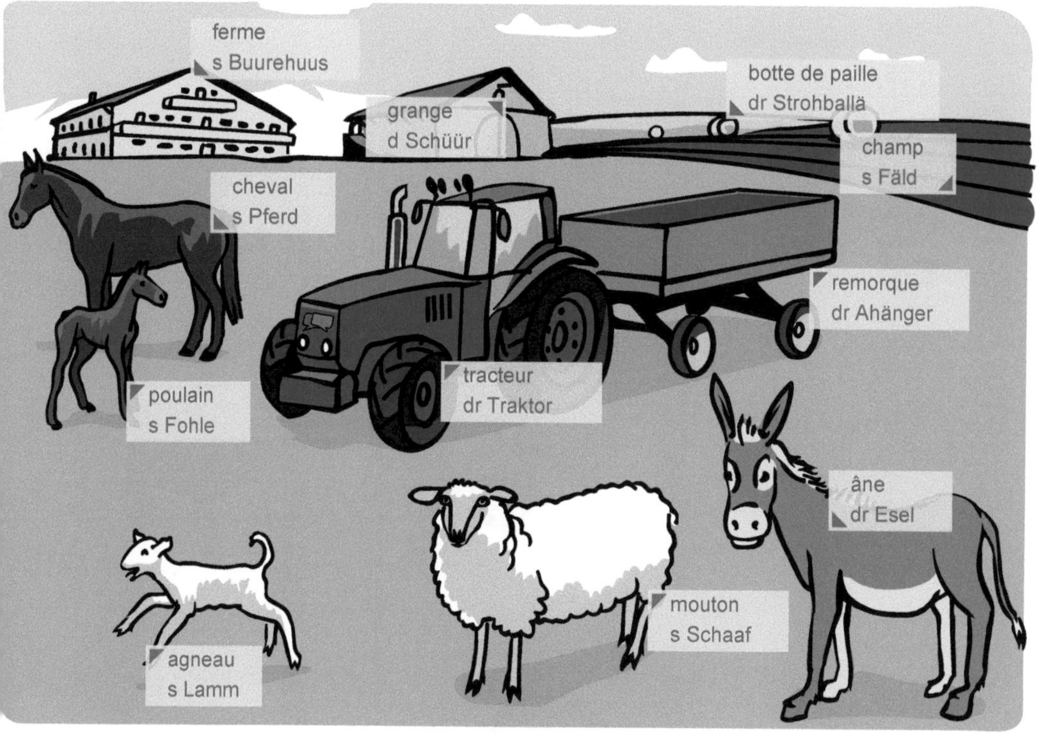
ferme
s Buurehuus
grange
d Schüür
botte de paille
dr Strohballä
champ
s Fäld
cheval
s Pferd
remorque
dr Ahänger
tracteur
dr Traktor
poulain
s Fohle
âne
dr Esel
mouton
s Schaaf
agneau
s Lamm

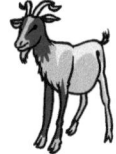

chèvre
d Geiss

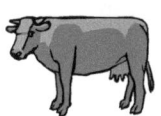

vache
d Chueh

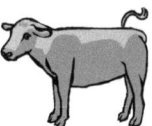

veau
s Chalb

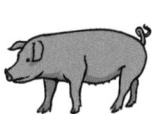

porc
d Sau

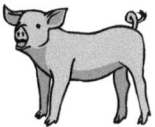

porcelet
s Ferkel

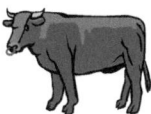

taureau
s Rind

oie

d Gans

canard

d Änte

poussin

s Küke

poule

s Huähn

coq

dr Güggel

rat

d Ratte

chat

d Chatz

souris

d Muus

bœuf

dr Ochse

chien

dr Hund

chenil

d Hundehütte

tuyau de jardin

dr Garteschluuch

arrosoir

d Giesschanne

faucheuse

d Sägese

charrue

dr Pflueg

faucille
d Sichel

pioche
d Hacke

fourche
d Heugable

hache
d Axt

brouette
d Garette

cuve
dr Trog

pot à lait
d Milchchanne

sac
dr Sack

clôture
dr Haag

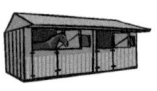

étable
dr Gadä

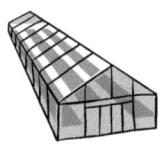

serre
s Gwächshuus

sol
dr Bode

semences
dr Soome

engrais
dr Dünger

moissonneuse-batteuse
dr Mähdrescher

récolter
ärnte

récolte
d Ärnte

igname
d Yamswurzle

blé
dr Weize

soja
s Soja

pomme de terre
dr Härdöpfel

maïs
dr Mais

colza
dr Raps

arbre fruitier
dr Obstbaum

manioc
dr Maniok

céréales
s Getreide

maison
s Huus

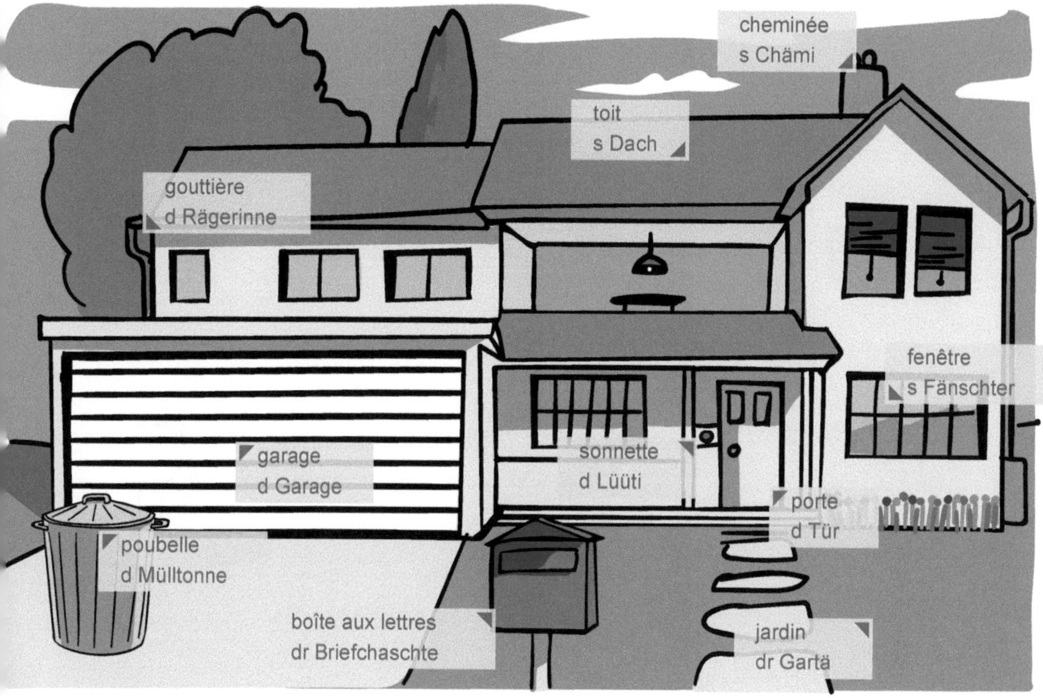

cheminée
s Chämi
toit
s Dach
gouttière
d Rägerinne
fenêtre
s Fänschter
garage
d Garage
sonnette
d Lüüti
porte
d Tür
poubelle
d Mülltonne
boîte aux lettres
dr Briefchaschte
jardin
dr Gartä

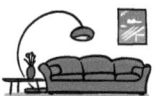

salon
s Stubä

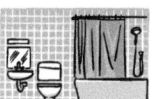

chambre de bain
s Badzimmer

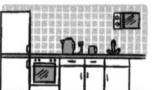

cuisine
d Chuchi

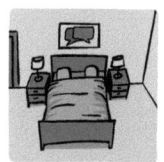

chambre à coucher
s Schlofzimmer

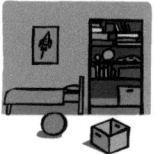

chambre d'enfant
s Chinderzimmer

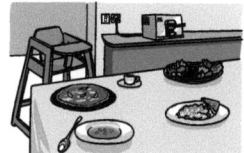

salle à manger
s Ässzimmer

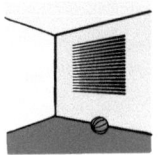

sol
....
dr Bodä

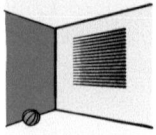

mur
....
d Wand

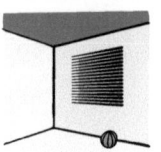

plafond
....
d Decki

cave
....
dr Chäller

sauna
....
d Sauna

balcon
....
dr Balkon

terrasse
....
d Terasse

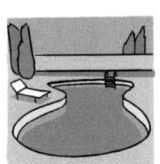

piscine
....
s Pool

tondeuse à gazon
....
dr Rasemäier

fourre de duvet
....
dr Bettbezug

couette
....
d Bettdecki

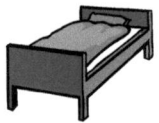

lit
....
s Bett

balai
....
dr Bäse

sceau
....
dr Chübel

interrupteur
....
dr Schalter

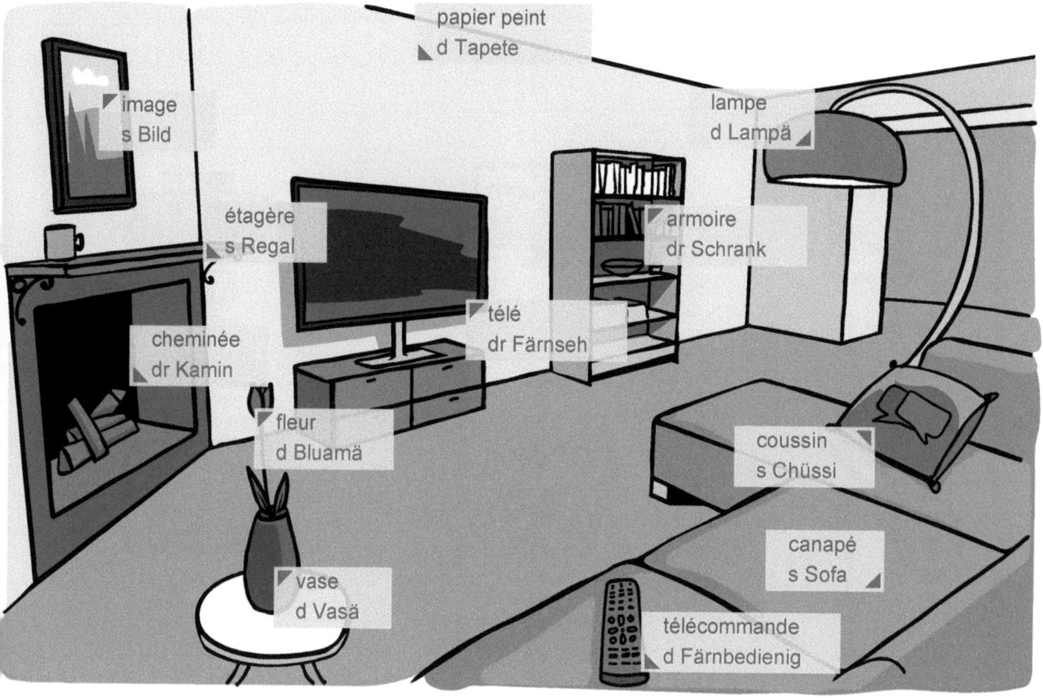

papier peint
d Tapete

image
s Bild

lampe
d Lampä

étagère
s Regal

armoire
dr Schrank

cheminée
dr Kamin

télé
dr Färnseh

fleur
d Bluamä

coussin
s Chüssi

canapé
s Sofa

vase
d Vasä

télécommande
d Färnbedienig

tapis
....
dr Teppich

rideau
....
dr Vorhang

table
....
dr Tisch

chaise
....
dr Stuehl

chaise à bascule
....
dr Schaukelstuehl

fauteuil
....
dr Sässel

livre
....
s Buech

couverture
....
d Decki

décoration
....
d Dekoration

bois de chauffage
....
s Füürholz

film
....
dr Film

chaîne hi-fi
....
d Stereoahlag

clé
....
dr Schlüssel

journal
....
d Ziitig

peinture
....
s Bild

poster
....
s Poster

radio
....
s Radio

bloc-notes
....
dr Notizblock

aspirateur
....
dr Staubsuuger

cactus
....
dr Kaktus

bougie
....
d Chärze

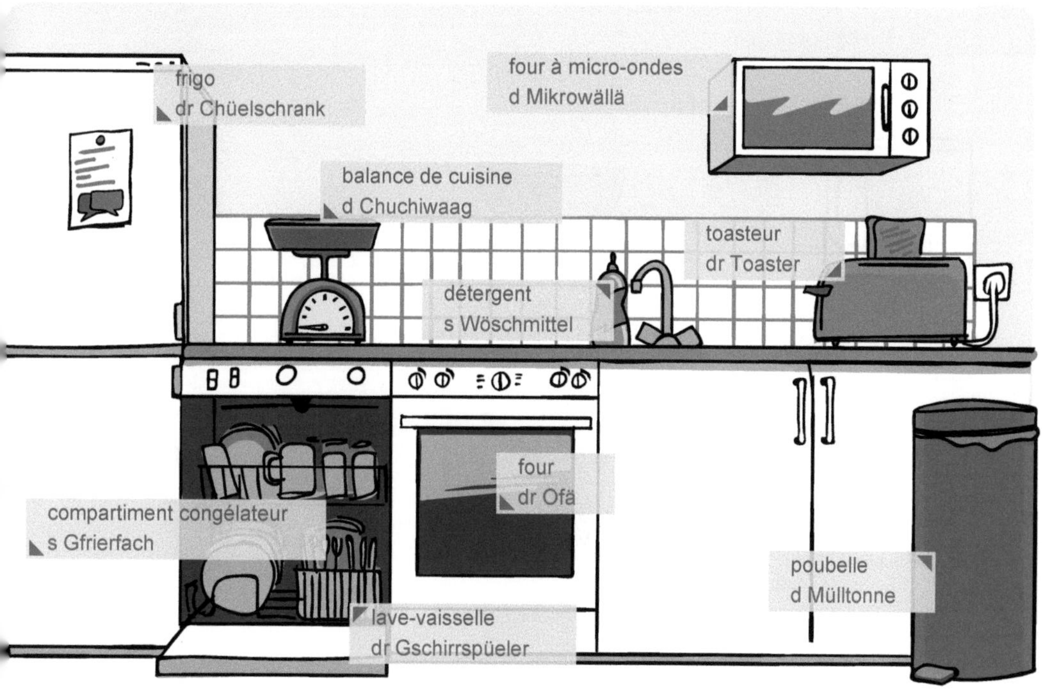

frigo
dr Chüelschrank

four à micro-ondes
d Mikrowällä

balance de cuisine
d Chuchiwaag

toasteur
dr Toaster

détergent
s Wöschmittel

four
dr Ofä

compartiment congélateur
s Gfrierfach

poubelle
d Mülltonne

lave-vaisselle
dr Gschirrspüeler

four
dr Härd

casserole
dr Topf

marmite
dr Iisetopf

wok/kadai
dr Wok / Kadai

poêle
d Pfanne

bouilloire électrique
dr Wasserchocher

cuiseur vapeur

dr Dampfer

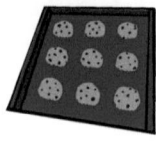

plaque de cuisson

s Bachbläch

vaisselle

s Gschirr

gobelet

dr Bächer

bol

d Schale

baguettes

d Stäbli

louche

d Suppechellä

spatule

dr Pfannewänder

fouet

dr Schneebäse

passoire

s Sieb

tamis

s Sieb

râpe

d Raffle

mortier

dr Mörser

barbecue

dr Grill

cheminée

d Füürstell

planche à découper
....
s Schniidbrätt

rouleau à pâtisserie
....
s Nudelholz

tire-bouchon
....
dr Korkäzieher

boîte
....
d Dosä

ouvre-boîte
....
dr Dosäöffner

maniques
....
dr Topflappä

lavabo
....
s Wöschbecki

brosse
....
d Bürste

éponge
....
dr Schwumm

mixeur
....
dr Mixer

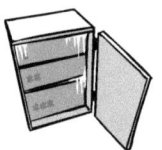

congélateur
....
dr Gfrierschrank

biberon
....
s Babyfläschli

robinet
....
dr Hahnä

chambre de bain

s Badzimmer

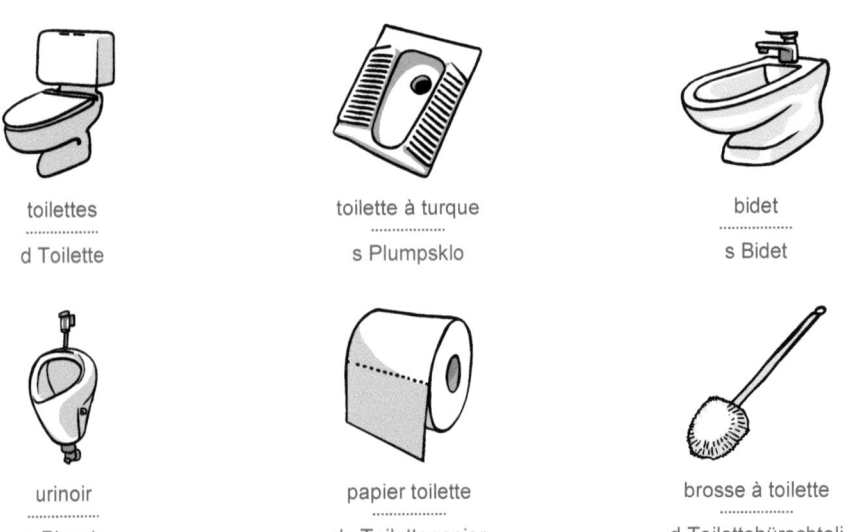

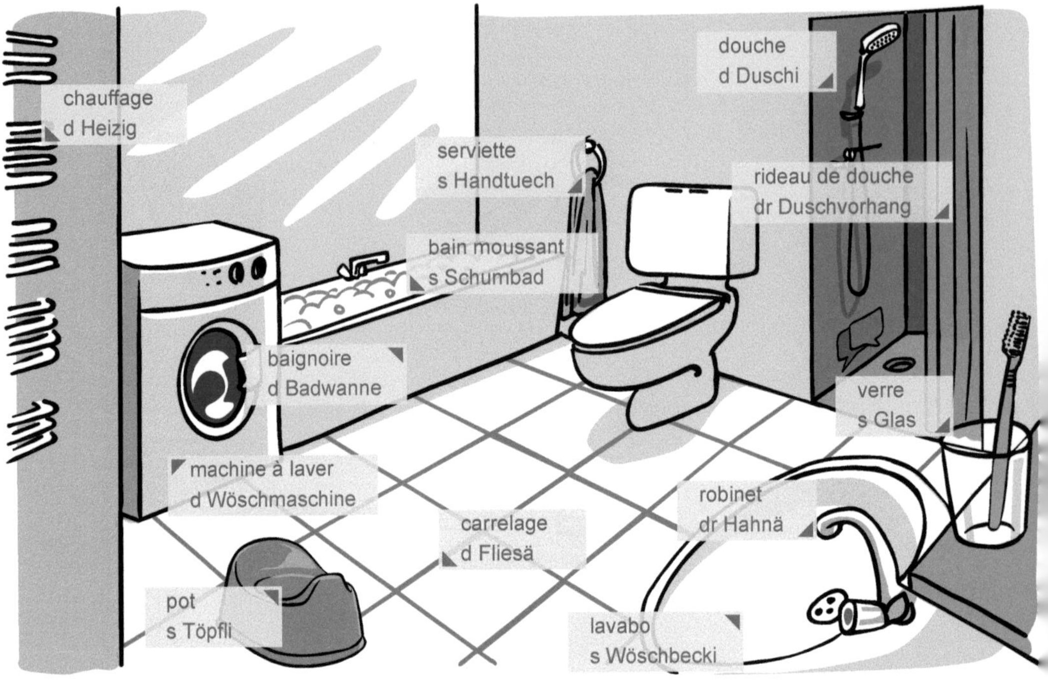

douche
d Duschi
chauffage
d Heizig
serviette
s Handtuech
rideau de douche
dr Duschvorhang
bain moussant
s Schumbad
baignoire
d Badwanne
verre
s Glas
machine à laver
d Wöschmaschine
robinet
dr Hahnä
carrelage
d Fliesä
pot
s Töpfli
lavabo
s Wöschbecki

toilettes

d Toilette

toilette à turque

s Plumpsklo

bidet

s Bidet

urinoir

s Pissoir

papier toilette

ds Toilettepapier

brosse à toilette

d Toilettebürschteli

brosse à dents
....
d Zahbürstä

dentifrice
....
d Zahpasta

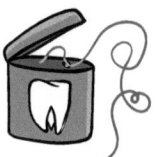

fil dentaire
....
d Zahnsiide

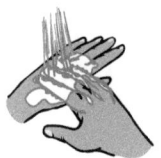

laver
....
wäsche

douche manuelle
....
d Handduschi

douche intime
....
d Intiimduschi

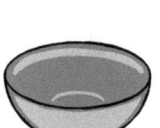

vasque
....
s Wöschbecki

brosse dorsale
....
d Ruggäbürste

savon
....
d Seifä

gel douche
....
s Duschgel

shampooing
....
s Shampoo

gant de toilette
....
dr Waschlappä

écoulement
....
dr Abfluss

crème
....
d Creme

déodorant
....
s Deo

miroir
....
dr Spiegel

miroir cosmétique
....
dr Handspiegel

rasoir
....
dr Rasierer

mousse à raser
....
dr Rasierschuum

après-rasage
....
s Aftershave

peigne
....
dr Schträäl

brosse
....
d Bürstä

sèche-cheveux
....
dr Föhn

laque pour cheveux
....
s Hoorspray

fond de teint
....
s Makeup

rouge à lèvres
....
dr Lippestift

vernis à ongles
....
dr Nagellack

ouate
....
d Wattä

coupe-ongles
....
d Nagelscher

parfum
....
s Parfum

trousse de toilette
s Necessaire

tabouret
dr Schemel

balance
d Waag

peignoir
dr Badmantel

gants de nettoyage
dr Gummihändscheh

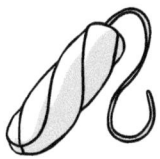

tampon
s Tampon

serviettes hygiéniques
d Damebinde

toilette chimique
d chemischi Toilette

chambre d'enfant
s Chinderzimmer

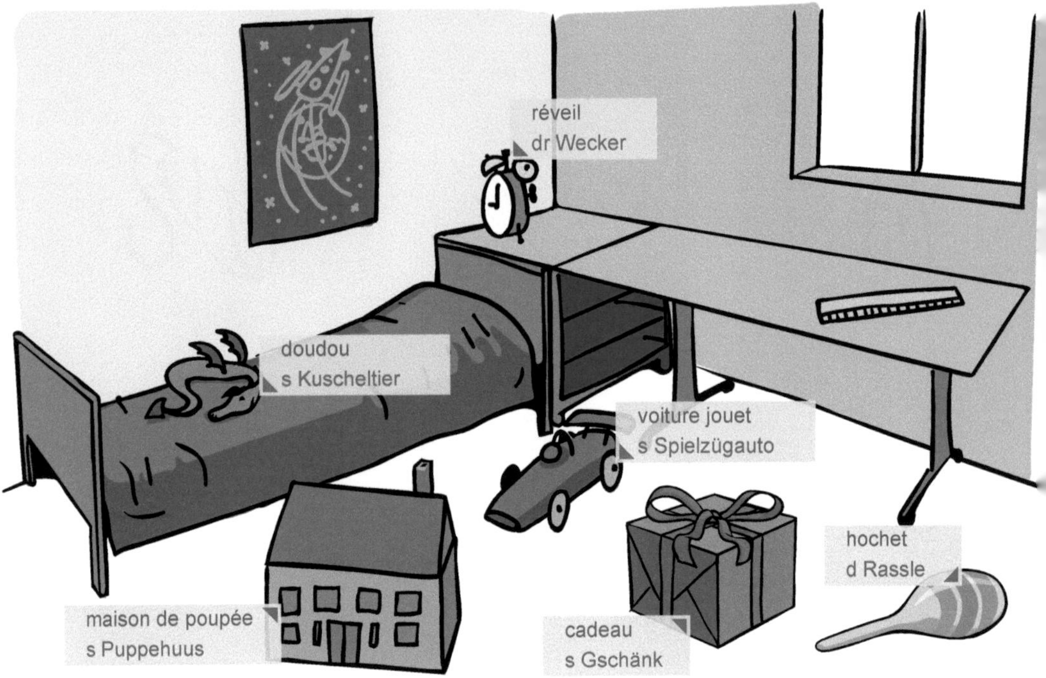
réveil
dr Wecker
doudou
s Kuscheltier
voiture jouet
s Spielzügauto
hochet
d Rassle
maison de poupée
s Puppehuus
cadeau
s Gschänk

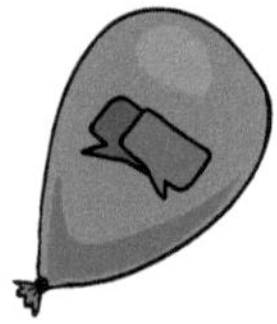

ballon

dr Ballon

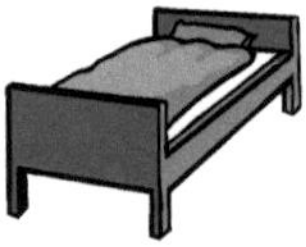

lit

s Bett

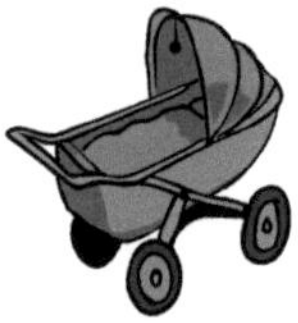

poussette

dr Chinderwage

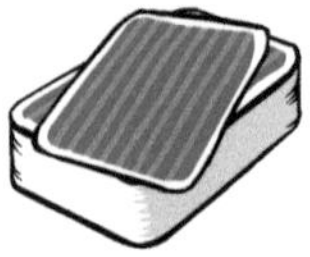

jeu de cartes

s Chartespiel

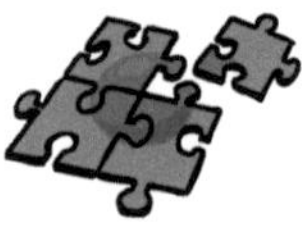

puzzle

s Puzzle

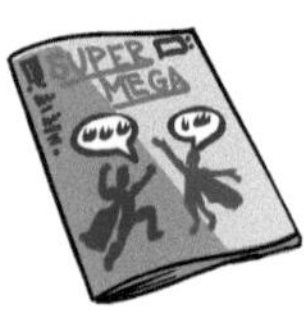
SUPER MEGA

bande dessinée

dr Comic

pièces lego
d Legos

blocs de construction
d Baustei

figurine
d Action Figur

grenouillère
s Strampli

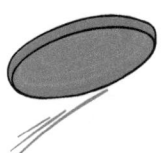

frisbee
s Frisbee

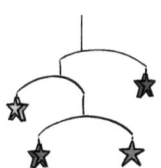

mobile
s Mobile

jeu de société
s Brättspiel

dé
dr Würfäl

train miniature
d Modellisebahn

sucette
dr Nuggi

fête
d Party

livre d'images
s Bilderbuch

balle
dr Ball

poupée
d Puppä

jouer
spiele

bac à sable
dr Sandchaschte

balançoire
d Gigampfi

jouets
s Spielzüg

console de jeu
d Videospielkonsole

tricycle
s Dreirad

ours en peluche
dr Teddy

armoire
dr Chleiderschrank

vêtements
d Chleidig

chaussettes
d Sockä

bas
d Strümpf

collant
d Strumpfhosä

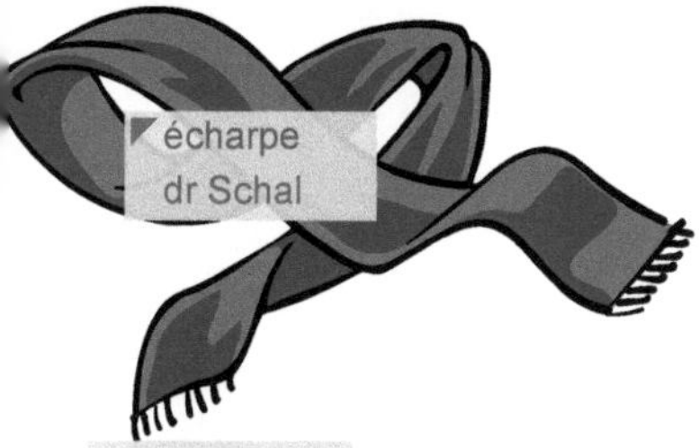

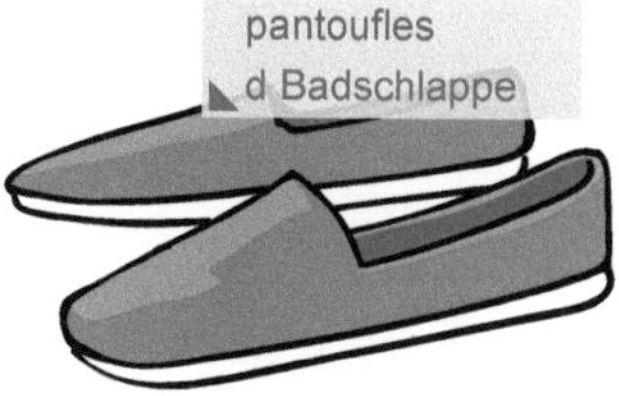

écharpe
dr Schal

parapluie
dr Rägeschirm

ceinture
dr Gürtel

t-shirt
s T-Shirt

bottes
dr Stiefel

pantoufles
d Badschlappe

baskets
d Turnschueh

sandales
d Sandalä

chaussures
d Schueh

bottes de caoutchouc
d Gummistiefel

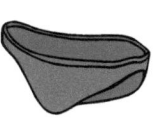

linge de corps
d Untrhosä

soutien-gorge
dr BH

maillot de corps
s Underlibli

body

dr Body

pantalon

d Hosä

jean

d Jeans

jupe

dr Rock

chemisier

d Bluse

chemise

s Hömli

pull

dr Pulli

pull-over à capuche

dr Kapuzepulli

veste

dr Blazer

veste

d Jacke

manteau

dr Mantel

imperméable

dr Rägämantel

costume

s Chostüm

robe

s Chleid

robe de mariée

s Hochziitskleid

costume

dr Ahzug

chemise de nuit

s Nachthömli

pyjama

s Pyjama

sari

dr Sari

foulard

s Chopftuäch

turban

dr Turban

burqa

d Burka

caftan

dr Kaftan

abaya

d Abaya

maillot de bain

s Badchleid

costume de bain

d Badhose

cuissettes

d churzi Hosä

tenue d'entraînement

dr Trainer

tablier

d Schürze

gants

d Händsche

bouton

dr Chnopf

lunettes

d Brüllä

bracelet

s Armband

collier

d Chetti

bague

dr Ring

boucle d'oreille

dr Ohrering

bonnet

d Chappe

cintre

dr Chleiderbügel

chapeau

dr Huet

cravate

d Grawattä

fermeture éclair

dr Riissverschluss

casque

dr Helm

bretelles

dr Hosäträger

uniforme scolaire

d Schueluniform

uniforme

d Uniform

bavoir

s Lätzli

sucette

dr Nuggi

couche

d Windle

bureau
s Büro

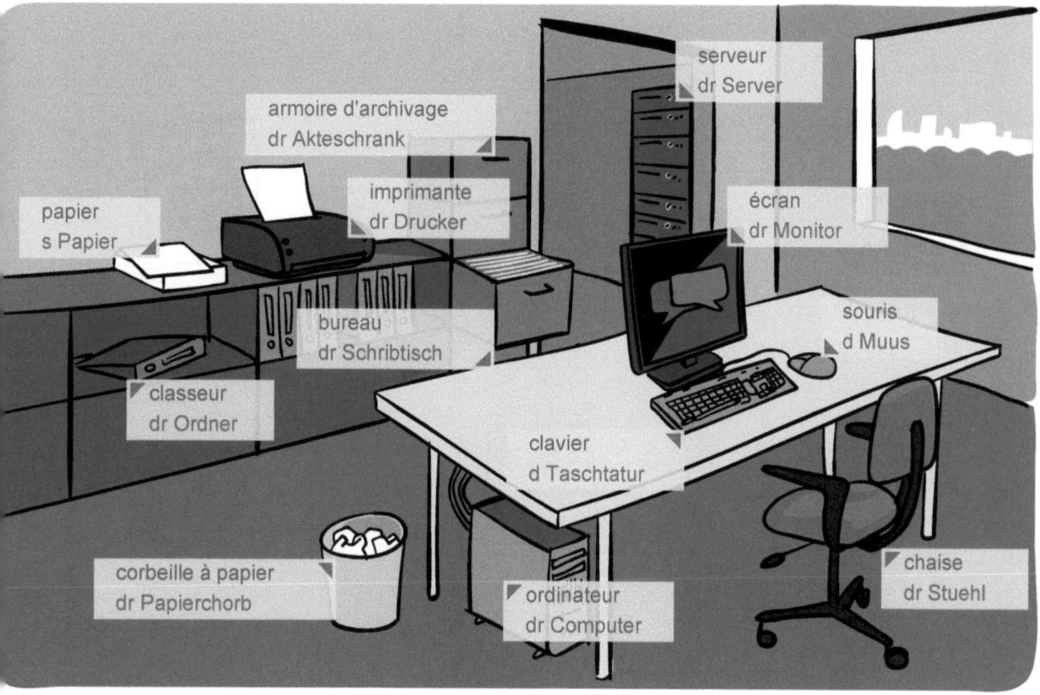

serveur
dr Server

armoire d'archivage
dr Akteschrank

imprimante
dr Drucker

écran
dr Monitor

papier
s Papier

bureau
dr Schribtisch

souris
d Muus

classeur
dr Ordner

clavier
d Taschtatur

corbeille à papier
dr Papierchorb

ordinateur
dr Computer

chaise
dr Stuehl

tasse à café

dr Kafibächer

calculatrice

dr Tascherächner

internet

s Internet

ordinateur portable

dr Laptop

lettre

dr Brief

message

d Nochricht

portable

s Mobiltelefon

réseau

s Netzwärk

photocopieuse

dr Kopierer

logiciel

d Software

téléphone

s Telefon

prise

d Steckdosä

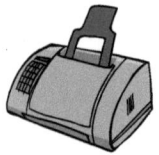

fax

s Fax

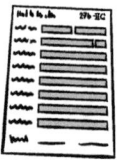

formulaire

s Formular

document

s Dokumänt

acheter

chaufe

payer

zahle

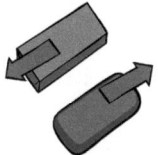

marchander

handle

monnaie

s Gäld

dollar

dr Dollar

euro

dr Euro

yen

dr Yen

rouble

dr Rubel

franc suisse

dr Frankä

renminbi yuan

dr Renminbi Yuan

roupie

d Rupie

distributeur automatique

dr Gäldautomat

bureau de change

d Wächselstube

or

s Gold

argent

s Silber

pétrole

s Öl

énergie

d Energie

prix

dr Preis

contrat

dr Vertrag

taxe

d Stüür

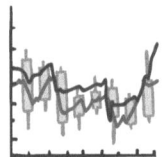

action

d Aktie

travailler

schaffe

employé

dr Mitarbeiter

employeur

dr Arbeitgeber

usine

d Fabrik

magasin

s Gschäft

économie - d Wirtschaft

professions

d Brüef

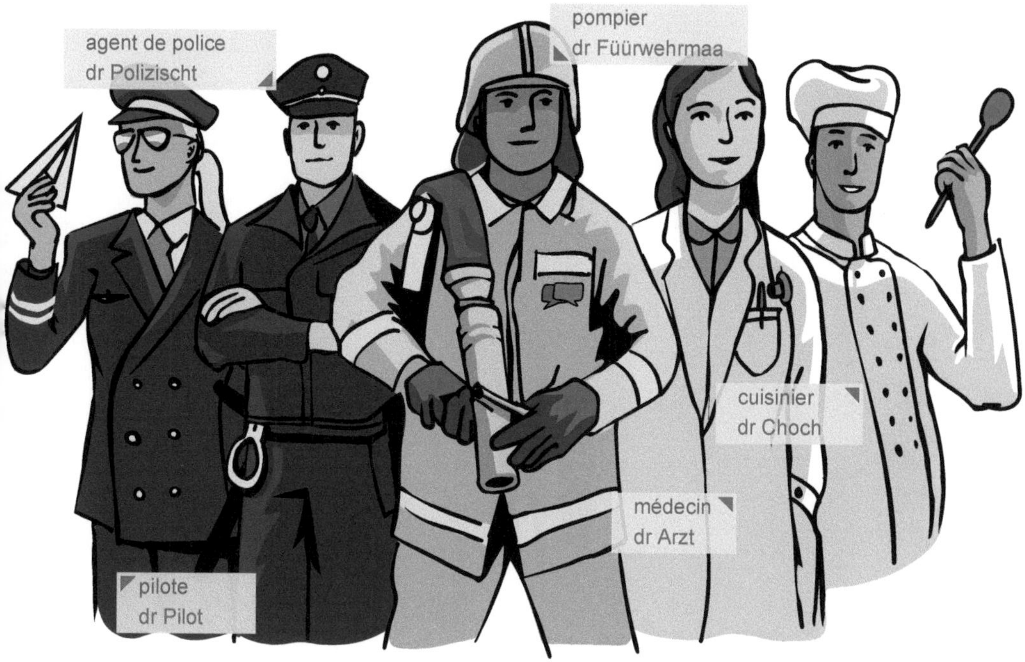

agent de police
dr Polizischt
pompier
dr Füürwehrmaa
cuisinier
dr Choch
médecin
dr Arzt
pilote
dr Pilot

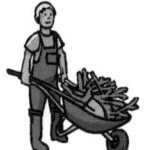

jardinier

dr Gärtner

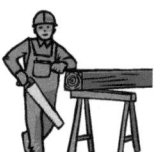

menuisier

dr Zimmermah

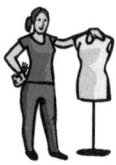

couturière

d Näheri

juge

dr Richter

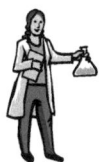

chimiste

dr Chemiker

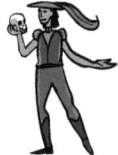

acteur

dr Darsteller

conducteur de bus

dr Busfahrer

chauffeur de taxi

dr Taxifahrer

pêcheur

dr Fischer

femme de ménage

d Putzfrau

couvreur

dr Dachdecker

serveur

dr Chällner

chasseur

dr Jäger

peintre

dr Moler

boulanger

dr Bäcker

électricien

dr Elektriker

ouvrier

dr Bauarbeiter

ingénieur

dr Ingenieur

boucher

dr Schlachter

plombier

dr Klämpner

facteur

dr Pöschtler

soldat

dr Soldat

architecte

dr Architekt

caissier

dr Kassierer

fleuriste

dr Florischt

coiffeur

dr Frisör

contrôleur

dr Kontrolleur

mécanicien

dr Mechaniker

capitaine

dr Kapitän

dentiste

dr Zahnarzt

scientifique

dr Wüsseschaftler

rabbin

dr Rabbi

imam

dr Imam

moine

dr Mönch

prêtre

dr Pfarrer

outils
d Werkzüüg

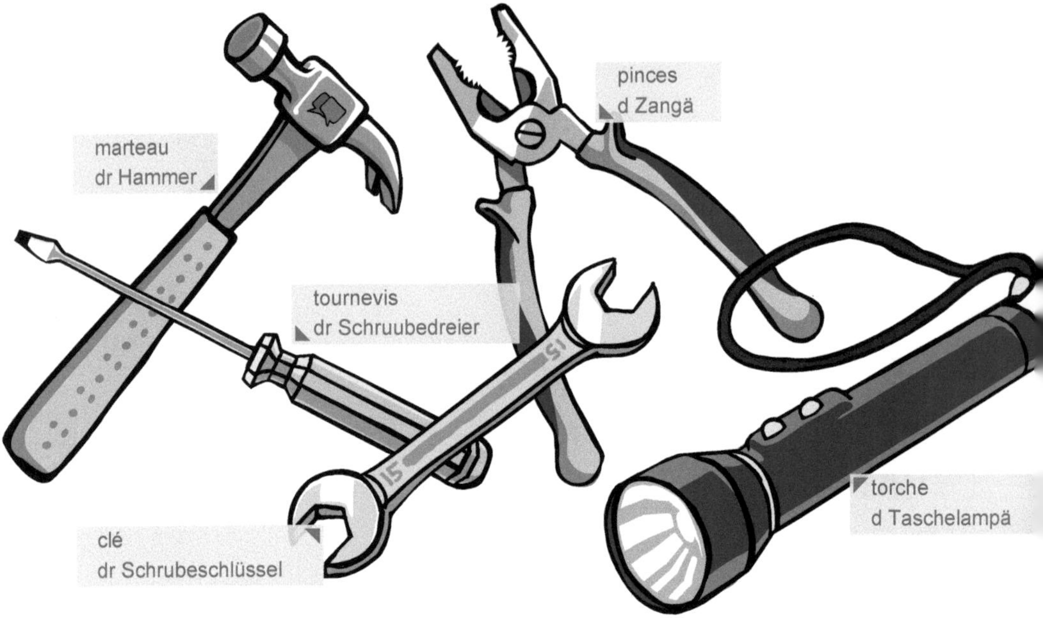
pinces
d Zangä
marteau
dr Hammer
tournevis
dr Schruubedreier
torche
d Taschelampä
clé
dr Schrubeschlüssel

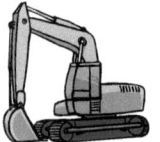

pelleteuse

dr Bagger

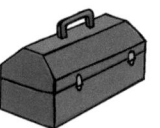

boîte à outils

dr Werkzüügchaschte

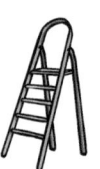

échelle

d Leitere

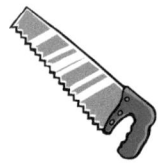

scie

d Sagi

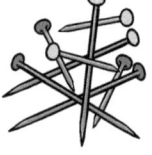

clous

d Negel

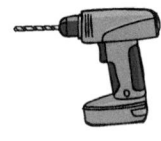

perceuse

dr Bohrer

réparer

flicke

pelle

d Schufle

Mince!

Mischt!

pelle

d Ascheschufle

pot de peinture

dr Farbchübel

vis

d Schruube

instruments de musique
d Musiginstrumänt

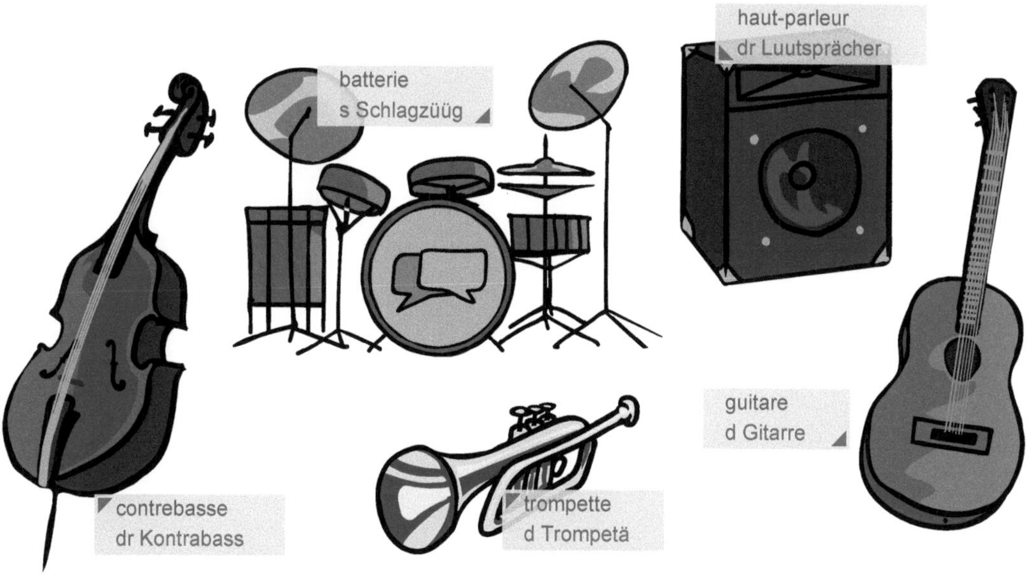

batterie
s Schlagzüüg

haut-parleur
dr Luutsprächer

guitare
d Gitarre

contrebasse
dr Kontrabass

trompette
d Trompetä

piano

s Klavier

violon

d Violine

basse

dr Bass

timbales

d Pauke

tambour

d Trummle

piano électrique

s Keyboard

saxophone

s Saxophon

flûte

d Flöte

microphone

s Mikrofon

zoo
dr Zolli

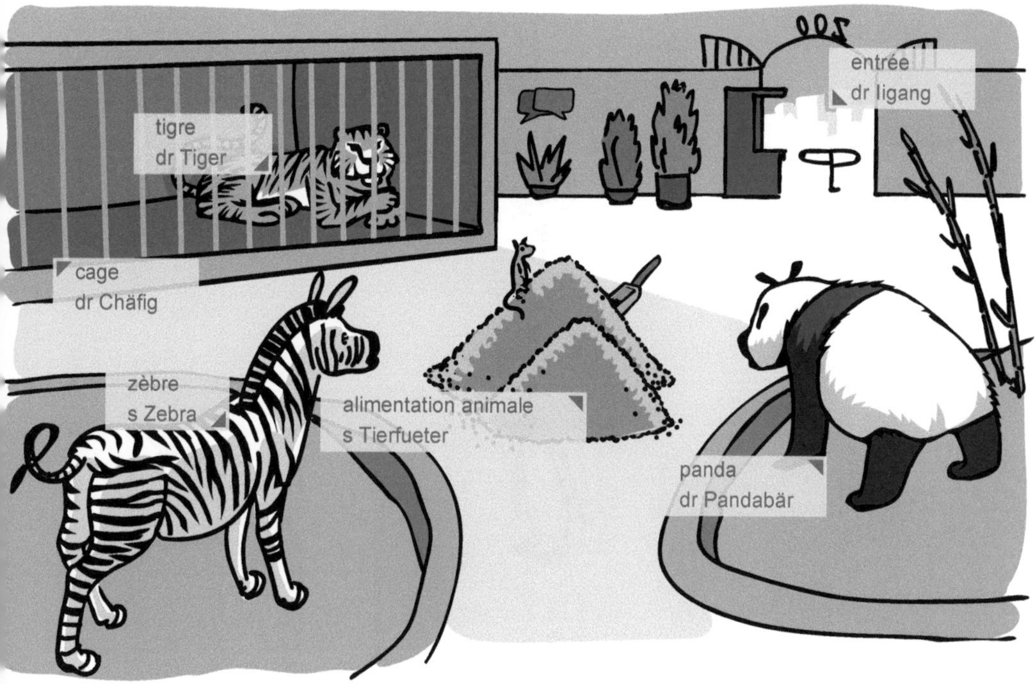
tigre
dr Tiger
entrée
dr Iigang
cage
dr Chäfig
zèbre
s Zebra
alimentation animale
s Tierfueter
panda
dr Pandabär

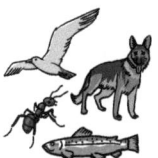

animaux

d Tier

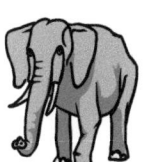

éléphant

dr Elefant

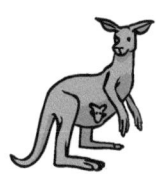

kangourou

s Känguru

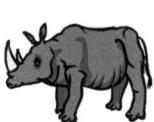

rhinocéros

s Nashorn

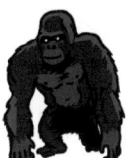

gorille

dr Gorilla

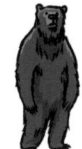

ours

dr Bär

chameau

s Kamel

autruche

dr Struss

lion

dr Leu

singe

dr Aff

flamand rose

dr Flamingo

perroquet

dr Papagei

ours polaire

dr Isbär

pingouin

dr Pinguin

requin

dr Hai

paon

dr Pfau

serpent

d Schlangä

crocodile

s Krokodil

gardien de zoo

dr Zoowärter

phoque

d Robbä

jaguar

dr Jaguar

poney

s Pony

léopard

dr Leopard

hippopotame

s Nilpfärd

girafe

d Giraff

aigle

dr Adler

sanglier

s Wildschwein

poisson

dr Fisch

tortue

d Schildkrot

morse

s Walross

renard

dr Fuchs

gazelle

d Gazelle

american Football
s American Football

cyclisme
s Velofahre

tennis
s Tennis

basket-ball
dr Basketball

natation
s Schwümmä

boxe
s Boxä

hockey sur glace
s Iishockey

football
dr Fuessball

badminton
s Badminton

athlétisme
d Liechtathletik

handball
dr Handball

ski
s Skifahre

polo
s Polo

activités
d Aktivitäte

sauter
springä
embrasser
umarme
rire
lachä
marcher
gah
chanter
singe
rêver
troime
prier
bätte
faire la bise
küssä

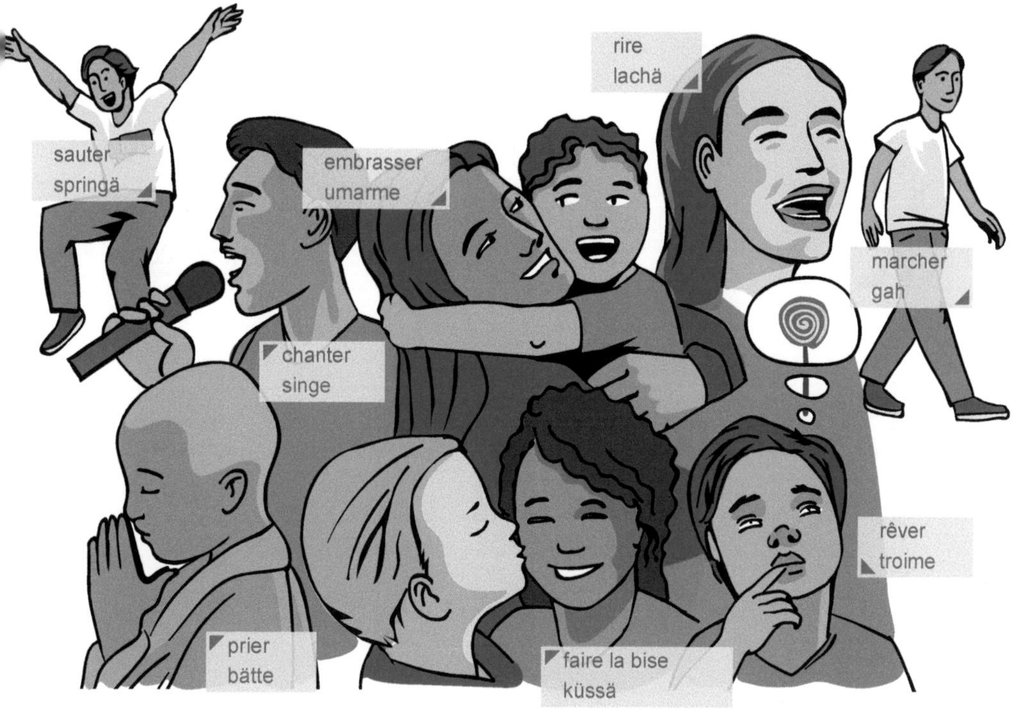

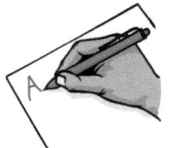

écrire

schribe

dessiner

zeichne

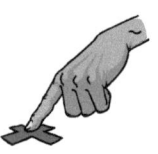

montrer

zeige

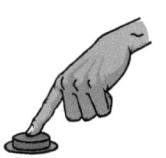

pousser

schiebe

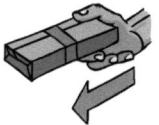

donner

gäh

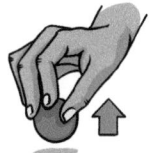

prendre

näh

avoir

händ

faire

mache

être

sy

être debout

stah

courir

laufe

trier

zieh

jeter

rüerä

tomber

fallä

être couché

ligge

attendre

warte

porter

träge

être assis

sitze

s'habiller

ahzieh

dormir

schlafe

se réveiller

ufwache

regarder

ahluege

pleurer

brüele

caresser

striichle

peigner

bürste

parler

redä

comprendre

verschtah

demander

froog

écouter

lose

boire

trinke

manger

ässe

ranger

ufruume

aimer

liebe

cuire

chochä

conduire

fahre

voler

flüge

faire de la voile
segle

calculer
rächne

lire
läse

apprendre
leerä

travailler
schaffe

se marier
hürate

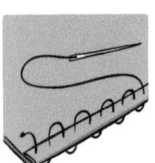

coudre
näije

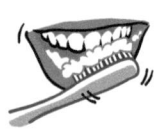

se brosser les dents
Zäh putze

tuer
töte

fumer
schlootä

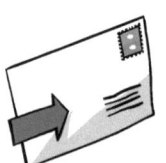

envoyer
sände

grand-mère
d Grossmuetter

grand-père
dr Grossvater

père
dr Vatter

mère
d Muetter

bébé
s Baby

fille
d Tochter

fils
dr Sohn

hôte

dr Gast

tante

d Tante

oncle

dr Unkel

frère

dr Brüeder

sœur

d Schwöschter

corps
dr Körpär

front
d Stirn
œil
ds Aug
épaule
d Schultere
doigt
dr Fingär
visage
s Gsicht
menton
s Chüni
main
d Hand
jambe
s Bei
poitrine
d Bruscht
bras
dr Arm

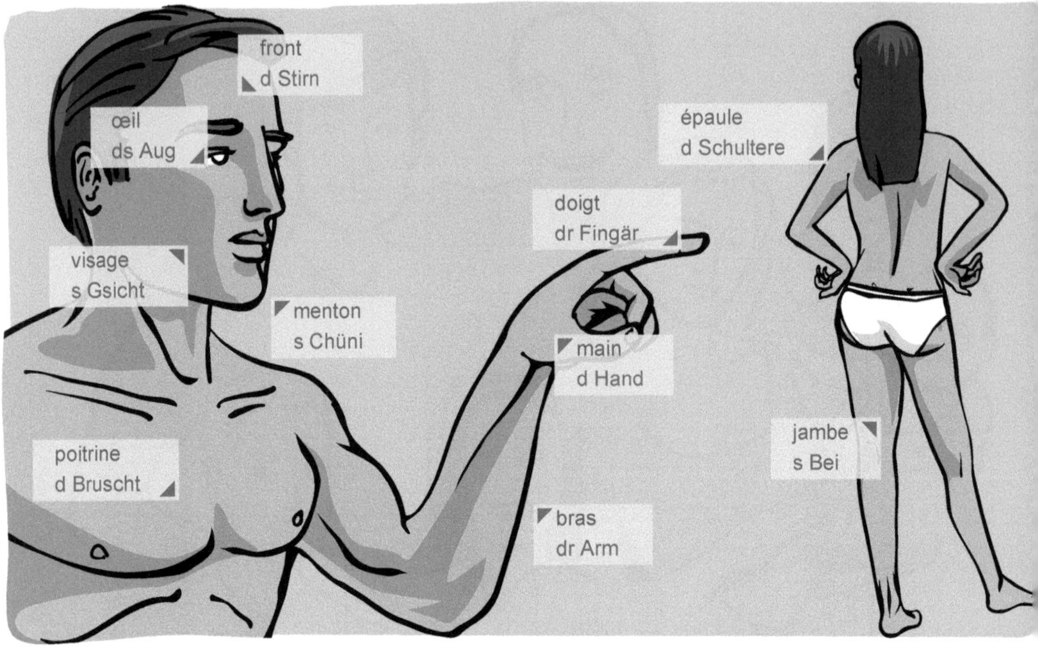

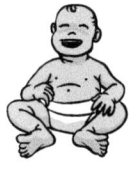

bébé
s Baby

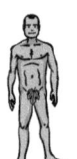

homme
dr Mah

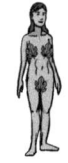

femme
d Frau

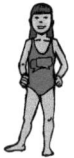

fille
s Meitli

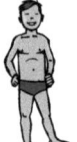

garçon
dr Bueb

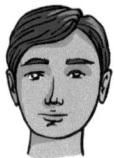

tête
dr Chopf

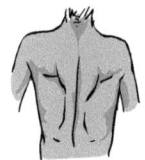

dos

dr Ruggä

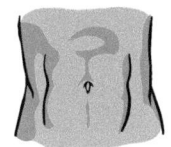

ventre

dr Buuch

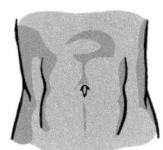

nombril

dr Buchnabel

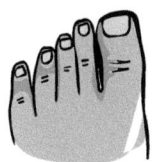

orteil

dr Zäche

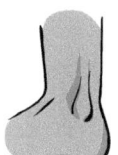

talon

d Fersä

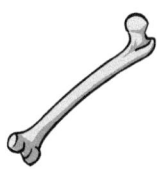

os

d Knoche

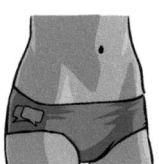

hanche

d Hüfte

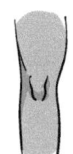

genou

s Chnü

coude

dr Ellbogä

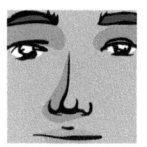

nez

d Nase

fesses

s Füdli

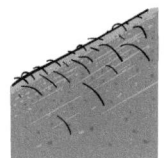

peau

d Hut

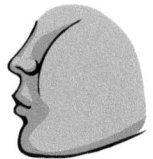

joue

d Bagge

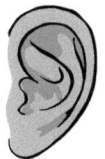

oreille

s Ohr

lèvre

d Lippe

bouche

s Muul

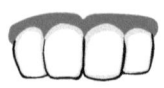

dent

dr Zah

langue

d Zungä

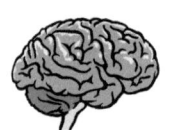

cerveau

s Hirni

cœur

s Härz

muscle

dr Muskel

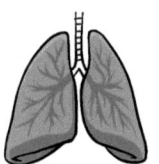

poumons

d Lungä

foie

d Läberä

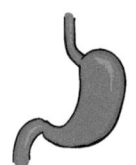

estomac

dr Magen

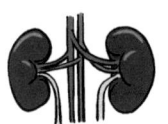

reins

d Nierä

rapport sexuel

dr Gschlächtsvrkehr

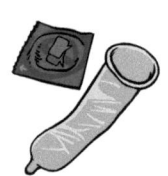

préservatif

s Kondom

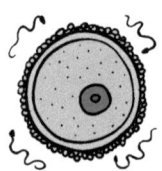

ovule

d Eizälle

sperme

dr Soome

grossesse

d Schwangerschaft

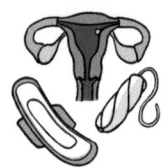

menstruation

d Menstruation

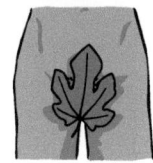

vagin

d Vagina

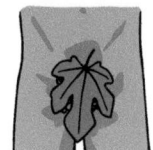

pénis

dr Penis

sourcil

d Augebrauä

cheveux

s Haar

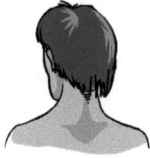

cou

dr Hals

corps - dr Körpär

71

hôpital
s Spital

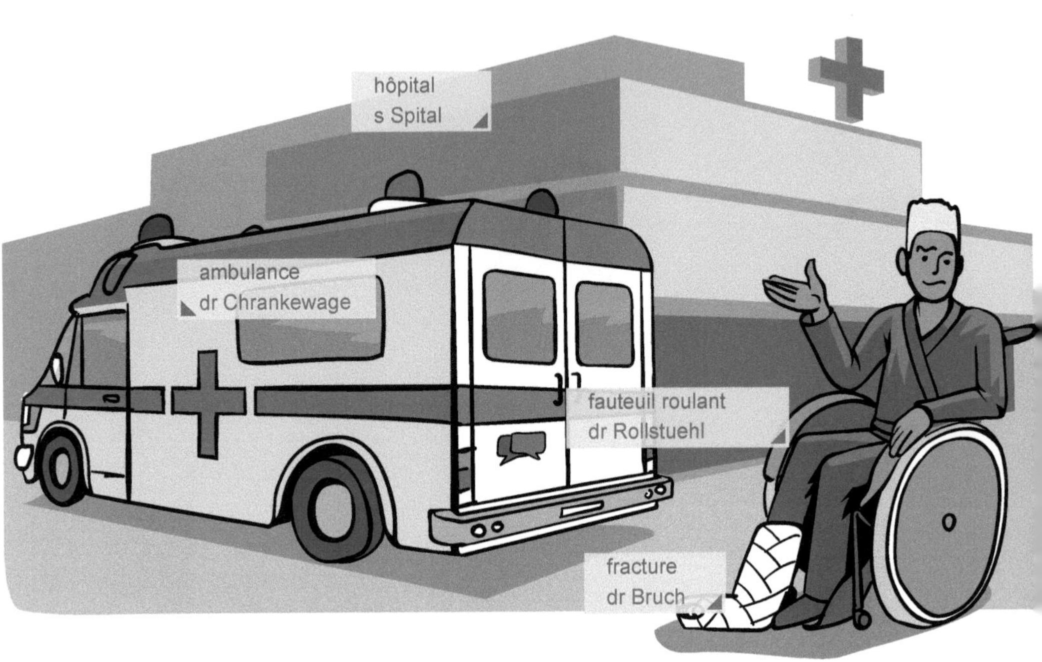

hôpital
s Spital
ambulance
dr Chrankewage
fauteuil roulant
dr Rollstuehl
fracture
dr Bruch

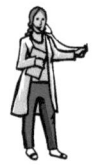

médecin

dr Arzt

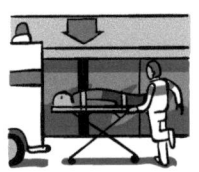

service des urgences

d Notufnahm

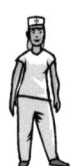

infirmière

d Chrankeschwöschter

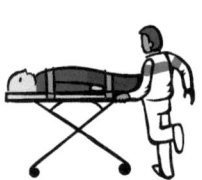

urgence

dr Notfall

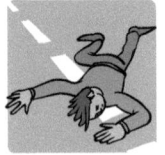

inconscient

ohnmächtig

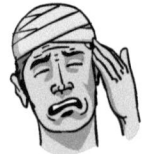

douleur

dr Schmärz

blessure
d Verletzig

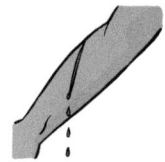

hémorragie
d Bluätig

crise cardiaque
dr Härzinfarkt

attaque cérébrale
dr Schlagahfall

allergie
d Allergie

toux
dr Hueschtä

fièvre
s Fieber

grippe
d Grippe

diarrhée
dr Durchfall

mal de tête
d Kopfschmärze

cancer
dr Kräbs

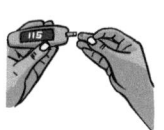

diabète
dr Diabetes

chirurgien
dr Chirurg

scalpel
s Skalpell

opération
d Operation

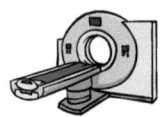

CT

s CT

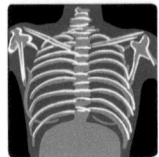

radiographie

s Röntgä

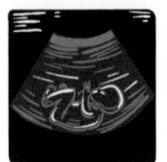

échographie

s Ultraschall

masque

d Gsichtsmaske

maladie

d Krankhet

salle d'attente

s Wartezimmer

béquille

d Krückä

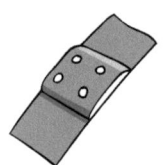

pansement

s Pflaster

pansement

dr Vrband

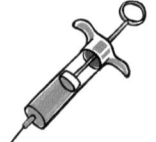

injection

d Injektion

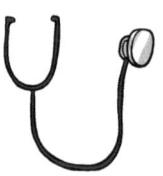

stéthoscope

s Stethoskop

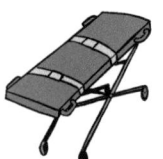

brancard

d Trage

thermomètre

s Thermometer

accouchement

d Geburt

surpoids

s Übergwicht

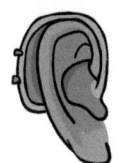

appareil auditif

s Hörgrät

désinfectant

s Desinfektionsmittel

infection

d Infektion

virus

s Virus

VIH / sida

s HIV / AIDS

médicament

d Medizin

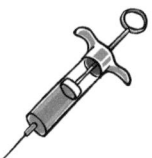

vaccination

d Impfig

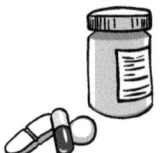

tablettes

d Tablette

pilule

d Pille

appel d'urgence

dr Notruef

tensiomètre

s Bluetdruck-Mässgrät

malade / sain

chrank / gsund

Au secours!

Hiufe!

alarme

dr Alarm

agression

dr Überfall

attaque

dr Ahgriff

danger

d Gfohr

sortie de secours

dr Notuusgang

Au feu!

Füür!

extincteur

dr Füürlöscher

accident

dr Unfall

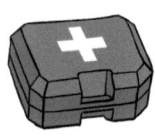

trousse de premier secours

dr Ersti-Hilf-Koffer

SOS

SOS

police

d Polizei

Europe

s Europa

Amérique du Nord

s Nordamerika

Amérique du Sud

s Südamerika

Afrique

s Afrika

Asie

s Asie

Australie

s Auschtralie

Océan atlantique

dr Atlantik

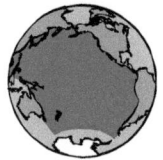

Océan pacifique

dr Pazifik

Océan indien

dr Indische Ozean

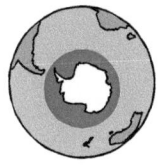

Océan antarctique

dr Antarktische Ozean

Océan arctique

dr Arktische Ozean

Pônord

dr Nordpol

Pôsud
dr Südpol

Antarctique
d Antarktis

terre
d Ärde

pays
s Land

mer
s Meer

île
d Inslä

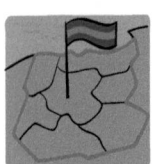

nation
d Nation

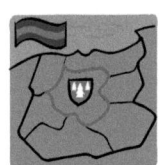

état
dr Staat

cadran

s Ziffereblatt

aiguille des heures

dr Stundezeiger

aiguille des minutes

dr Minutezeiger

aiguille des secondes

dr Sekundezeiger

Quelle heure est-il?

Wie spaht isch es?

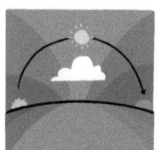

jour

dr Tag

temps

d Zit

maintenant

jetzt

montre digitale

d Digitaluhr

minute

d Minute

heure

d Stunde

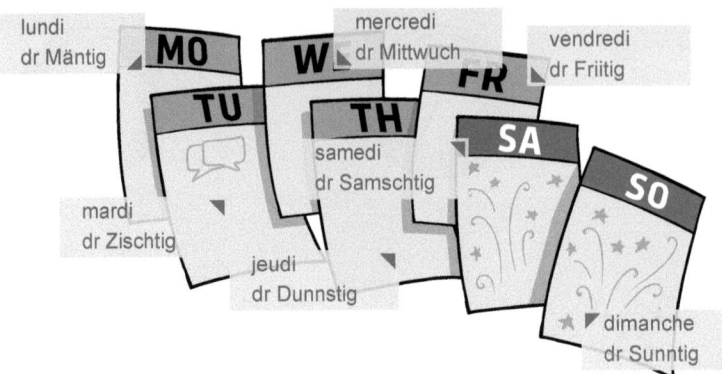

lundi
dr Mäntig

mercredi
dr Mittwuch

vendredi
dr Friitig

mardi
dr Zischtig

samedi
dr Samschtig

jeudi
dr Dunnstig

dimanche
dr Sunntig

hier

geschter

aujourd'hui

hüt

demain

morn

matin

dr Morgä

midi

dr Mittag

soir

dr Aabig

jours ouvrables

d Wärktag

week-end

s Wuchenänd

année

s Johr

pluie
dr Räge
arc-en-ciel
dr Rägeboge
neige
dr Schnee
vent
dr Wind
printemps
dr Früelig
automne
dr Herbscht
été
dr Summer
hiver
dr Winter

4.APRIL 11°
5.APRIL 4°
6.APRIL 13°
7.APRIL 8°
8.APRIL 10°

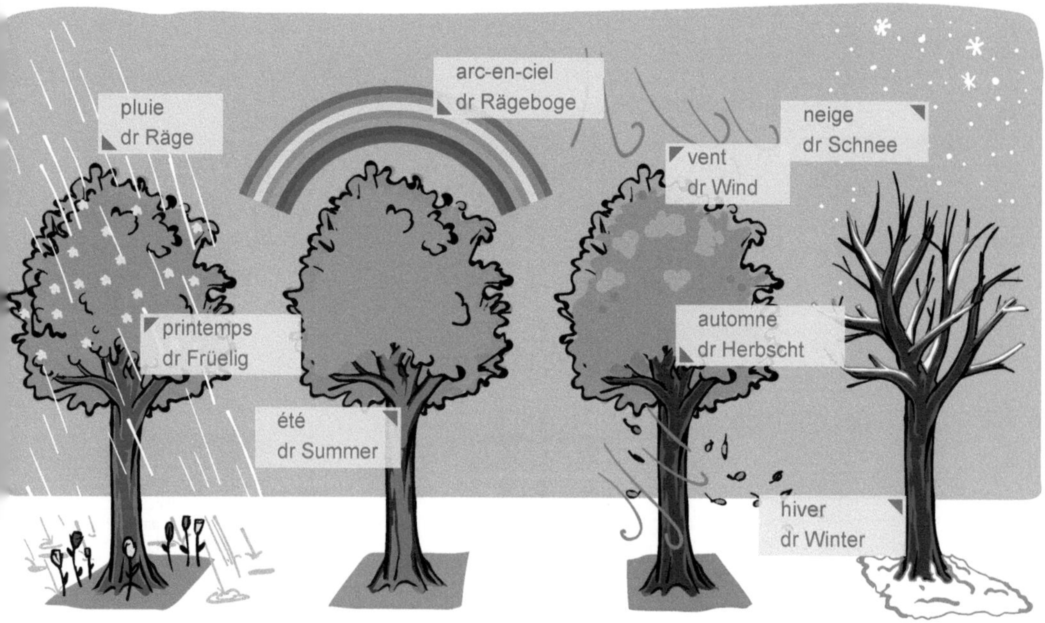

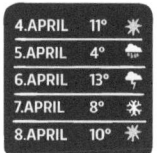

météo

d Wättervorhärsag

F C
120 40
90 30
60 20
30 10
0 0
-30 -10
-20

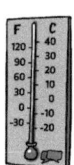

thermomètre

s Thermometer

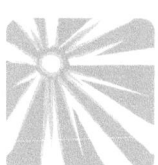

lumière du soleil

dr Sunneschiin

nuage

d Wolkä

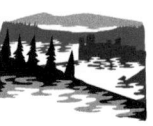

brouillard

d Näbel

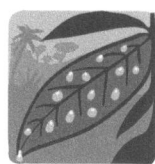

humidité

d Fiechtigkeit

foudre

dr Blitz

tonnerre

dr Dunner

tempête

dr Sturm

grêle

d Hagel

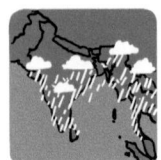

mousson

dr Monsun

inondation

d Fluet

glace

s Iis

janvier

dr Januar

février

dr Februar

mars

dr März

avril

dr April

mai

dr Mai

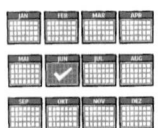

juin

dr Juni

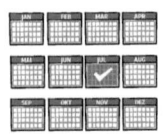

juillet

dr Juli

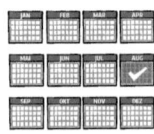

août

dr Auguscht

septembre

dr Septämber

octobre

dr Oktober

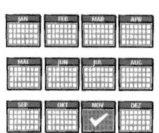

novembre

dr Novämber

décembre

dr Dezämber

formes
d Forme

cercle

dr Kreis

carré

s Quadrat

rectangle

s Rächteck

triangle

s Dreieck

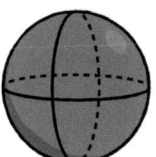

sphère

d Chugele

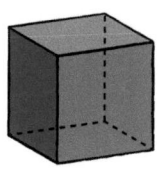

cube

dr Würfel

blanc

wiss

jaune

gäl

orange

orange

rose

pink

rouge

rot

violet

liila

bleu

blau

vert

grüen

marron

bruun

gris

grau

noir

schwarz

beaucoup / peu

viel / wenig

fâché / calme

hässig / ruhig

joli / laid

hübsch / hässlich

début / fin

dr Ahfang / s Ändi

grand / petit

gross / chli

clair / obscure

hell / dunkel

frère / sœur

dr Brüeder / d Schwöschter

propre / sale

suuber / dräckig

complet / incomplet

vollständig / unvollständig

jour / nuit

dr Tag / d Nacht

mort / vivant

tot / läbig

large / étroit

breit / schmal

comestible / incomestible

ässbar / nid ässbar

méchant / gentil

bös / fründlich

excité / ennuyé

uffreggt / glangwilt

gros / mince

dick / dünn

premier / dernier

zerscht / zletscht

ami / ennemi

dr Fründ / dr Find

plein / vide

voll / läär

dur / souple

hart / weich

lourd / léger

schwer / liecht

faim / soif

dr Hunger / dr Durscht

malade / sain

chrank / gsund

illégal / légal

illegal / legal

intelligent / stupide

intelligänt / gatz

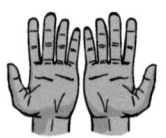

gauche / droite

links / rächts

proche / loin

nöch / wiit weg

oppositions - d Gägeteil

nouveau / usé
....
neu / bruucht

rien / quelque chose
....
nüt / öpis

vieux / jeune
....
alt / jung

marche / arrêt
....
ah / uss

ouvert / fermé
....
offe / zue

faible / fort
....
lislig / luut

riche / pauvre
....
riich / arm

correct / incorrect
....
richtig / falsch

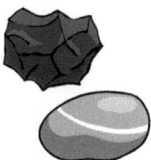

rugueux / lisse
....
rau / glatt

triste / heureux
....
truurig / glücklich

court / long
....
churz / lang

lent / rapide
....
langsam / schnäll

mouillé / sec
....
nass / trochä

chaud / froid
....
warm / chalt

guerre / paix
....
dr Chrieg / dr Friede

0	**1**	**2**
zéro	un	deux
Null	eis	zwei

3	**4**	**5**
trois	quatre	cinq
drü	vier	foif

6	**7**	**8**
six	sept	huit
sächs	sibe	acht

9	**10**	**11**
neuf	dix	onze
nün	zäh	elf

12	**13**	**14**
douze	treize	quatorze
zwölf	drizäh	vierzäh

15	**16**	**17**
quinze	seize	dix-sept
füfzäh	sächzäh	siebzäh

18	**19**	**20**
dix-huit	dix-neuf	vingt
achtzäh	nünzäh	zwänzg

100	**1.000**	**1.000.000**
cent	mille	million
Hundert	Tuusig	Million

anglais

Änglisch

anglais américain

Amerikanischs Änglisch

chinois mandarin

Chinesisch Mandarin

hindi

Hindi

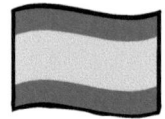

espagnol

Spanisch

français

Französisch

arabe

Arabisch

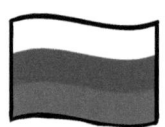

russe

Russisch

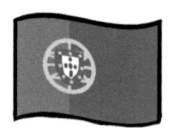

portugais

Portugiesisch

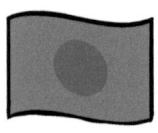

bengali

Bengalisch

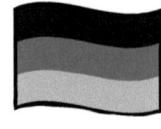

allemand

Dütsch

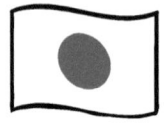

japonais

Japanisch

je
....
ich

tu
....
du

il / elle
....
är / sie / es

nous
....
mir

vous
....
ihr

ils / elles
....
sie

qui?
....
wär?

quoi?
....
was?

comment?
....
wie?

où?
....
wo?

quand?
....
wänn?

nom
....
Name

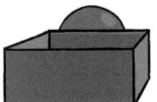

derrière

hinder

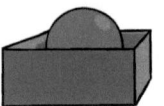

dans

in

devant

vor

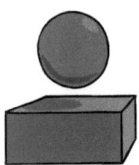

au-dessus

über

sur

uf

en-dessous

under

à côté de

näbe

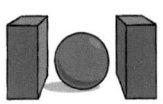

entre

zwüsche

lieu

dr Ort